FAVORI DU POÈTE

« La liberté poétique du poète »

Priya Singh

Ukiyoto Publishing

Tous les droits de publication mondiaux sont détenus par

Ukiyoto Publishing

Publié en 2025

Contenu Droits d'auteur © Priya Singh

ISBN 9789370098701

Tous droits réservés.

Aucune partie de cette publication ne peut être reproduite, transmise ou stockée dans un système de recherche, sous quelque forme que ce soit et par quelque moyen que ce soit, électronique, mécanique, photocopie, enregistrement ou autre, sans l'autorisation préalable de l'éditeur.

Les droits moraux de l'auteur ont été revendiqués.

Il s'agit d'une œuvre de fiction. Les noms, les personnages, les entreprises, les lieux, les événements, les lieux et les incidents sont soit le produit de l'imagination de l'auteur, soit utilisés de manière fictive. Toute ressemblance avec des personnes réelles, vivantes ou mortes, ou des événements réels est purement fortuite.

Ce livre est vendu à la condition qu'il ne soit pas, à titre commercial ou autre, prêté, revendu, loué ou diffusé d'une autre manière, sans le consentement préalable de l'éditeur, sous une forme de reliure ou de couverture autre que celle dans laquelle il est publié.

Préface

Le voyage de l'amour, tel qu'il est relaté dans ces poèmes, témoigne du pouvoir transformateur de l'inspiration. M. Ojaank Shukla, avec sa présence magnétique et son dévouement inébranlable, devient plus qu'un mentor – il est le catalyseur de l'éveil poétique de l'amour. À travers ses vers, nous voyons l'évolution d'une poétesse qui trouve sa voix, son but et la véritable vocation de son cœur. Poet's Favourite n'est pas seulement un recueil de poèmes ; C'est une célébration de la créativité, du mentorat et du lien profond entre une muse et un artiste.

Lorsque Priya remet son livre terminé à M. Shukla, ce moment signifie l'aboutissement de son voyage et le début de nouvelles aspirations. Son rêve de devenir poète s'est réalisé et, avec ses conseils, elle se lance dans la conquête de nouveaux défis, y compris l'UPSC.

Ce livre invite le lecteur à s'immerger dans la beauté des mots, à trouver sa muse et à embrasser le débordement spontané d'émotions que la poésie enflamme.

Contenu

1. Le parfum de la connaissance	1
2. Aura dorée	3
3. Symphonie d'inspiration	4
4. La muse choisie de la plume	5
5. Fenêtres sur la sagesse	6
6. Temple de la Sérénité	7
7. Le réveil de la muse	8
8. Regard magnétique	9
9. Stylo dansant	10
10. Débordement de créativité	11
11. Murmures de sagesse	12
12. La douce lumière du matin	13
13. Voyage de la perspicacité	14
14. Floraison du bonheur	15
15. Murmures doux	16
16. Liberté poétique	17
17. Le paradis de l'apprentissage	18
18. Parfum d'inspiration	19
19. Conte d'admiration	20
20. Miracles d'émotion	21
21. Au-delà de la comparaison	22
22. Bibliothèque de la sagesse	24
23. Pilier de lumière	26

24. Oasis de confort	27
25. Phare dans la nuit	29
26. Sérénade de gouttes de pluie	30
27. Maître du temps	31
28. Symphonie de précision	33
29. Amoureux des livres	35
30. Champion de l'objectif	36
31. Le chemin du bonheur	37
32. Phare éthique	38
33. Croyez en vous	39
34. Respect mérité	40
35. À l'abri de la tempête	41
36. Sérénité rafraîchissante	42
37. L'art de la joie	43
38. Calme au milieu du chaos	44
39. Le voyage du poète	45
40. Le refrain de l'âme	46
41. Versets au clair de lune	47
42. Rêves en main	48
43. Don des mots	50
44. Poétesse couronnée	52
45. Sauvage et libre	53
46. Maître de la perspicacité	54
47. Touche humaine	55
48. Esprit supérieur	56
49. Flux de liberté	57

50. Incarnation de l'équilibre	58
Épilogue	60
À propos de l'auteur	62

1. Le parfum de la connaissance

L'amour, parée d'une jolie robe,

Suit le parfum de la connaissance avec finesse.

Dans son esprit, les émotions se balancent et s'entrechoquent,

Alors qu'elle traque le parfum, son cœur ne peut pas se cacher.

Le parfum des livres, frais et séduisant aussi, la conduit dans une académie, où les rêves deviennent réalité.

Bibliothèques et espaces de création, un paradis à explorer,

Où le cœur de l'Amour bat vite, et où son âme en demande plus.

Une personne charmante, avec une âme douce, attire son attention, alors qu'il se dirige vers son but.

La composition poétique de l'amour commence à couler,

Alors qu'elle le regarde, son cœur bat lentement.

Mais ensuite, une employée interrompt son rêve : « Madame, comment puis-je vous aider ? C'est le thème estimé de l'UPSC.

L'amour pose des questions sur la personnalité douce, si fine, La fille du personnel répond, « C'est M. Ojaank Shukla, le fondateur, si divin. »

La curiosité de l'amour est piquée ; elle veut rencontrer, le fondateur, qui semble si occupé, et pourtant si doux.

Elle demande un cours de démonstration, pour le voir enseigner, La fille du personnel accepte, « Venez demain à 7 heures, ne violez pas. »

L'amour regarde son visage brillant, rayonnant de spécifications, Alors qu'il travaille sur son ordinateur portable, sa présence qu'elle détecte.

Hypnotisée, elle retourne dans sa chambre pour écrire,

À propos de la fondatrice, qui a capturé la joie de son cœur.

2. Aura dorée

Il dégage une ambiance positive, si lumineuse, je suis hypnotisée, mon cœur s'envole.

Sa présence fait battre mon pouls, Une aura dorée qui emplit l'espace.

Les spécifications dorées et la montre-bracelet brillent, complètent la robe bleue, un design élégant.

Le sourire léger et strict et le parfum si fin,

Transformez le syllabus en une rime mélodique.

D'un seul coup d'œil, j'ai été pris au dépourvu, ma position, mes sens, m'ont laissé vulnérable là-bas.

Ses vibrations magnétiques, si pures et vraies,

Inspirez ma plume à écrire à nouveau sur lui.

3. Symphonie d'inspiration

Un aperçu de lui, et mon cœur poétique saute un battement, Une énergie positive, qui ne peut être vaincue.

La façon dont il se déplace, avec confiance et aisance, fait chanter mon âme, comme une douce mélodie.

Ses lunettes dorées et l'éclat de sa montre-bracelet reflètent la lumière de son esprit brillant.

La robe bleue, un choix élégant, si fin,

Complète son charme et fait s'entrelacer mon cœur.

Le programme, une routine ennuyeuse, plus maintenant, devient une symphonie, quand il est en magasin.

Sa présence, une magie, que je ne peux pas définir, me fait me sentir vivante, comme une œuvre d'art divine.

Je suis attirée par lui, comme un aimant pourrait le faire, Ma plume, mon cœur, mon âme, tout s'envole.

Il est le sujet, de chacune de mes pensées,

Une étincelle créative, que mon écriture a attrapée.

4. La muse choisie de la plume

"Je ressens une vibration positive, si unique et rare, une énergie différente qui me soulève avec soin.

C'est comme un pic de bonheur qui ne s'estompe jamais, un sentiment que j'ai du mal à définir avec les mots que j'ai faits.

C'est une personne si divine, dévouée à son art, un perfectionniste avec un cœur aimant.

Il est plongé dans de beaux livres, un trésor à voir, lui-même un livre que j'aimerais lire et être.

Avec lui à mes côtés, je me sens complète,

Mes mots prennent forme, mon cœur saute un battement.

Sous sa direction, je trouve mon chemin, et ma poésie s'épanouit dans un jour tout nouveau.

La plume est si spéciale qu'elle choisit le sujet toute seule, quand elle trouve les mots justes, son encre commence à couler. Il écrit avec passion, avec cœur et âme,

Et les paroles qui se déversent rendent mon cœur entier.

5. Fenêtres sur la sagesse

Ses yeux, comme des fenêtres sur l'âme, brillent de connaissance, me rendant entier.

Des lunettes à cadre doré, un cadre élégant, accentuent la sagesse qu'il a acquise.

Le parfum d'ondes positives qu'il porte remplit l'air d'un flair exaltant.

Sa robe bleue, avec un dessin à la main fin, témoigne de son esprit raffiné et perspicace.

Ses yeux, intacts et concentrés sur son écran, travaillant sur son ordinateur portable, avec un éclat diligent.

Il a l'air si travailleur, avec une personnalité si brillante,

Un vrai leader, dans tous les sens du terme.

En tant que fondateur de cette académie, c'est très bien, c'est un visionnaire, avec un coeur qui est divin.

Sa passion pour l'éducation est évidente dans son regard, une véritable inspiration, à tous points de vue.

6. Temple de la Sérénité

L'amour est si positif, dans ce lieu si serein, où l'on voit de beaux livres et des cours.

Atmosphère paisible, sans désordre en vue,

Des étudiants lisent en silence, de toutes leurs forces.

L'aura est si positive, avec des livres tout autour, un paradis pour apprendre, où se trouvent les cœurs.

Le directeur général, plus que parfait à tous points de vue,

Respire la confiance dans un balancement doux, mais imposant.

Sa présence est une bénédiction, un cadeau à voir, un leader qui inspire, avec un cœur d'or.

L'académie brille d'une lueur radieuse,

Un lieu où la personnalité et l'apprentissage grandissent pour toujours.

7. Le réveil de la muse

L'amour est si beau aujourd'hui,

Après une longue lutte, sa muse est en route. Elle a trouvé son sujet, son cœur se réjouit, et elle est curieuse d'apprendre, de toutes ses forces.

Elle écrit avec aisance, ses mots coulent librement, Inspirée par la présence, de M. Ojaank Shukla, elle peut voir.

Son aura est unique, son enseignement si grand, un véritable éducateur, avec un cœur qui commande.

L'académie brille, un temple de l'apprentissage si brillant, un lieu où la connaissance et la sagesse prennent leur envol.

L'amour se sent béni, d'être à cet endroit,

Là où des miracles se produisent et où des rêves se créent.

Avec M. Shukla comme guide, elle est sûre de prospérer et d'apprendre les secrets qui l'aideront à survivre.

Son sujet de plume, c'est le grand éducateur véritable,

Une source d'inspiration, qui l'accompagnera jusqu'au bout.

8. Regard magnétique

L'amour sourit, se souvenant de son regard, une connexion magnétique qui ne s'estompe jamais. L'aura qui entoure, une positivité si brillante, efface toute négativité et apporte une nouvelle lumière.

Les vibrations sont créatives, une étincelle si fine, inspirant son cœur et la faisant briller.

Elle se sent enthousiaste à l'idée d'entrer dans sa classe, où la connaissance et la sagesse dureront éternellement.

Avec un journal intime et un stylo, elle est prête à apprendre, son cœur bat vite, avec une anticipation qui languit.

Elle est sûre que c'est lui, que son sujet est si vrai, la seule inspiration que sa plume poursuivra.

Sa présence est magique, un don si rare, un professeur si unique, avec un amour qui se soucie des autres.

Elle est attirée par son énergie, une force créatrice,

Cela guidera son écriture et l'approuvera à jamais.

9. Stylo dansant

Le cœur de l'amour bat vite, d'une joie si vraie, qu'elle a retrouvé son sujet, la muse de sa plume.

L'excitation emplit son âme, un bonheur si lumineux qu'elle est impatiente d'écrire, de toutes ses forces.

Sa plume danse librement, avec des mots si audacieux, qu'elle écrit de lui, l'histoire de son cœur à raconter. Les mots coulent sans effort, comme une douce sérénade, alors qu'elle exprime ses pensées dans une nuance poétique.

Elle a trouvé son inspiration, sa phare, Celui qui stimule sa créativité, de jour comme de nuit.

À chaque coup, son âme brille,

Un chef-d'œuvre né d'un cœur qui est nouveau.

10. Débordement de créativité

L'amour sourit, tenant sa plume pour écrire. Elle a soif d'écrire, de toutes ses forces.

Son cœur déborde d'émotions si libres, Alors qu'elle écrit de lui, le destin de sa poésie. Elle a trouvé son sujet parfait, le délice de son cœur, et sa plume dansera jour et nuit.

À chaque mot, sa créativité brillera, et son écriture sera si divine.

Elle est reconnaissante de cette étincelle qui embrase son âme, et elle écrira avec son cœur, avec une créativité qui grandira.

11. Murmures de sagesse

L'amour s'attarde au dehors, un délice secret, en écoutant la conférence, le cœur si brillant.

Elle concentre son regard sur son visage préféré, s'abreuvant de la sagesse du rythme doux de M. Shukla.

Avec une aura charismatique, il entre dans l'espace, le cœur de l'Amour saute un battement avec un regard aimant. Elle prend sa plume et commence à écrire, inspirée par ses paroles et sa douce puissance.

Les mots coulent sans effort, comme le ruisseau d'une rivière, alors qu'elle épanche son cœur dans un rêve créatif.

Après le cours, elle lit sa composition avec joie,

Surprise par la beauté que ses paroles ont libérée.

12. La douce lumière du matin

Le cours du matin, un début rosé, mon préféré brillant, un cœur aimant.

Il tient une tasse de thé et un journal à la main, traitant les étudiants comme des amis, un lien si grand.

Il sirote et analyse, d'un pas doux,

Doux comme un café froid et lisse comme le doux visage du lait de vache.

La conférence est envoûtante, nous fait réfléchir et nous balancer, alors que ses mots tissent un sort, qui illumine la journée.

Derrière ses lunettes dorées, ses yeux clignent de soin, La température de la classe change, d'un air subtil.

Sa tenue disciplinée et son visage doux comme la lune, génèrent des ondes positives pour gagner chaque pas.

À chaque mot, il inspire et guide, un enseignant si unique, avec un cœur qui demeure. Sa présence est un cadeau, un trésor à voir, un cours du matin qui laisse un or durable.

13. Voyage de la perspicacité

Son analyse est douce, comme une douce brise,

Cela apporte de nouvelles perspectives et libère l'esprit avec facilité. La conférence est un voyage qui nous emmène loin et loin, avec chaque mot, nos cœurs et nos esprits demeurent.

Derrière ses lunettes dorées, ses yeux brillent, une étincelle de sagesse qui allume la lumière.

Son attitude disciplinée et son visage doux si beau nous inspirent à apprendre et nous montrent que nous nous soucions d'eux.

À chaque leçon, il partage son cœur, un professeur si dévoué, une œuvre d'art. Sa présence est un cadeau, un trésor si rare,

Un cours du matin incomparable.

14. Floraison du bonheur

Le bonheur s'épanouit de l'intérieur, un sentiment si vrai, Quand je vois mon préféré, mon cœur chante à nouveau.

Ma plume s'envole, avec des mots qui coulent librement, inspirée par sa présence, une joie qui est censée être.

Ses mots doux sont une musique qui touche mon âme, un sentiment de satisfaction qui me rend entier. Une lueur soudaine s'élève, si brillante sur mes joues, tandis que j'écoute sa conférence, dans un pur plaisir.

Je plonge dans la douceur de chacune de ses phrases, Ma plume écrit sans faute, dans un hébétement poétique.

Il est le sujet que j'ai choisi, le désir de mon cœur, d'écrire pour lui, ma passion, le feu de mon cœur.

Devenir poète est mon rêve si cher,

Avec chaque mot, je m'efforcerai d'être clair.

Inspiré par ses conseils, j'écrirai avec mon cœur, et ma poésie brillera, une œuvre d'art.

15. Murmures doux

Ses paroles sont de doux murmures qui touchent mon cœur, un sentiment de calme qui distingue mon âme.

À chaque phrase, je ressens une connexion profonde,

Un lien qui est fort, un lien poétique que je peux garder.

Dans ses yeux, je vois une étincelle, une lumière qui guide, un sens du but que mon cœur demeure.

À chaque mot, je ressens un sentiment de joie, une joie pure, une créativité qui est censée être.

À chaque mot, je tisserai un sort poétique, Inspiré par ses conseils, mes rêves gonfleront.

Devenir poète est le délice de mon cœur,

Avec son inspiration, mes mots brilleront de mille feux.

16. Liberté poétique

Mon cœur est plein de joie, ma plume est libre de vagabonder, j'ai trouvé mon sujet, ma lueur d'espoir, ma maison.

Un mentor, un ami, qui montre le chemin, Dans ce temple de l'apprentissage, la sagesse vient chaque jour.

J'écoute de l'extérieur, à travers la vitre, buvant les mots, la sagesse, le refrain.

Pour l'instant, je vais rester dehors, là où ma poésie peut couler, Sans être entravé par des règles, ma créativité peut grandir.

En classe, les restrictions peuvent lier mon âme poétique, mais ici, mon objectif est clair, mon sujet, mon objectif.

Je composerai mon livre, sans un seul souci, et quand il sera terminé, j'entrerai en classe avec une logique à partager.

La liberté poétique ne connaît pas de limites, elle est sauvage et libre, elle ne peut être contenue par des règles ou des décrets.

C'est une force qui coule, comme le ruisseau d'une rivière,

Et je suivrai son chemin, là où mon cœur peut rayonner.

17. Le paradis de l'apprentissage

Il aborde l'actualité avec une perspicacité si aiguë, des plans stratégiques, avec une vision si sereine.

Le développement de la personnalité, un sujet qu'il adore, avec sagesse et esprit, qui nous laisse tous transformés.

Ses cours sont un paradis, où les esprits peuvent grandir, pas de désordre, pas de chaos, juste un flux doux.

Le silence est palpable, un silence d'épingle, un témoignage de son enseignement, une douce précipitation.

Il hypnotise par sa sagesse, un véritable cerveau, un système discipliné, où la connaissance est définie.

Ses paroles sont un baume qui apaise et inspire, un professeur si unique, qui enflamme nos âmes.

À chaque conférence, il tisse un sort, un monde de connaissance, où nos esprits peuvent habiter.

Il est un phare qui nous guide à travers,

Un chemin de découverte, où la sagesse brille à nouveau.

18. Parfum d'inspiration

Je me tiens sur mon balcon, perdu dans la vue, Quand un doux parfum attire à nouveau mon attention. Le parfum des livres, un parfum si rare, Remplit l'air d'une magie, incomparable.

Je vois mon préféré revenir de sa journée, L'air se transforme, avec un balancement positif. La nature elle-même semble apprécier son style, Une brise douce s'agite, avec un sourire subtil.

Il a un charme particulier, une touche si pure et lumineuse, qu'il se distingue dans la lumière du matin. Ma plume est attirée vers lui avec une force irrésistible, une fascination si forte qu'il est difficile de divorcer.

Ce n'est pas n'importe qui, mais un sujet si beau, un sujet d'émerveillement, c'est vraiment divin.

Ma plume ne peut ignorer l'étincelle qu'il allume,

Une flamme d'inspiration qui brûle de plaisir.

19. Conte d'admiration

Ma plume m'apporte de la joie, un sentiment de plaisir, alors qu'elle tisse l'histoire de mon préféré en vue.

Tout le monde ne peut pas susciter l'énergie que j'adore, mais c'est une trouvaille rare qui me laisse sur ma faim.

Son aura est unique, une présence si divine, que ce n'est qu'à l'encre que son essence peut être définie.

Les mots coulent sans effort, alors que j'écris avec joie,

Un lien entre Pen et lui, fort et insouciant.

L'encre survivra, longtemps après mon départ,

Un témoignage de notre lien, toujours fort.

Cette poésie sera une représentation vraie.

Du lien que je partage avec mon préféré, à nouveau.

Au fil des pages du temps, se déroulera notre histoire, une histoire d'admiration qui ne vieillira jamais.

Ma plume continuera d'écrire avec amour et feu, un lien poétique auquel elle aspirera toujours.

20. Miracles d'émotion

Quand la plume choisit son sujet avec allégresse, des miracles se déroulent, une merveille à voir.

Des émotions débordantes, un spectacle coloré, une méthode unique, où les sentiments prennent leur envol.

Aucune pratique ni volonté ne peut égaler ce feu, des émotions pures guident le désir de la plume.

Lorsque le cœur est submergé, rien ne peut s'arrêter. Les mots coulent librement, comme une goutte sans fin.

Mon préféré brille de mille feux, comme le soleil du matin, Frais comme la lune, sa présence vient de commencer.

C'est un sujet de grandeur, digne de vers, une grandeur indéniable, une traversée poétique.

Dans le royaume des mots, il résidera toujours, une figure de majesté, où les émotions demeurent.

La plume chantera ses louanges, dans un délice poétique, Pour la poésie, il est la vue inspirante.

21. Au-delà de la comparaison

Si je le compare au délice sucré d'un chocolat,

Je suis déchiré entre les deux, lequel est le plus doux à vue Si je le compare à la sagesse si grandiose de Platon,

Je ne sais pas lequel est le meilleur, dans ce pays intellectuel.

Si je le compare à des roses, aux pétales si fins, je me perds dans la question, laquelle est la plus divine ?

Si je le compare à des aimants, avec des forces si fortes,

Je suis perplexe quant à savoir lequel attire, avec une chanson plus puissante.

Mais quand je regarde dans ses yeux, comme des perles de mer si claires, je vois une vision qui n'est pas obstruée, sans une tache ni une peur.

Son corps doré brille de mille feux, d'une sagesse si vraie, d'une clarté inégalée dans tout ce qu'il poursuit. Cette comparaison ne s'arrêtera jamais, car il est incomparable,

Une âme unique et merveilleuse, qui est tout simplement irréparable.

Aucun mot ne peut capturer son essence, aucune comparaison ne peut définir,

C'est un trésor unique en son genre, c'est tout simplement sublime.

22. Bibliothèque de la sagesse

Quand il entre dans la bibliothèque, un verre si fin,

Reflétant la beauté de la sagesse, son cœur et son esprit s'entrelacent. Il scrute les étagères avec soin, sélectionnant les livres avec aisance,

Un maître de la connaissance, avec une soif qui ne cesse jamais.

Il crée pour les étudiants un contenu qui surpasse les autres, un véritable original, avec des idées qui sont vraiment bénies.

Dans sa bibliothèque, de nouveaux concepts naissent et de nouvelles idées se dévoilent,

Un centre d'innovation, où les esprits sont faits pour se modeler.

Il fuit la répétition et les vues périmées et usées, embrassant la nouveauté, avec une passion qui transparaît.

Son esprit est une toile, où la créativité ne connaît pas de limites, une diction de poète, qui tisse les mots en sons profonds.

En sa présence, mes paroles s'envolent,

Inspiré par son génie et son amour de la connaissance.

Il est un phare de sagesse, qui me guide sur mon chemin,

Un exemple éclatant de ce que signifie vivre et apprendre chaque jour.

23. Pilier de lumière

Sa présence déplace l'air, un refrain subtil et doux, un changement de température qui signale le gain de son arrivée.

Sans lui, tout semble terne, un espace creux, vide, un vide peu invitant, un manque de chaleur et de rythme.

Il est le pilier central qui maintient l'institution haut, une fondation solide et inébranlable, qui ne dit jamais au revoir.

Il relève chaque défi avec aisance et douceur,

Un leader calme et stable, dans l'obscurité de la nuit.

Tout le monde se tourne vers lui, avec des questions et des craintes, cherchant des conseils et de la sagesse, à travers tous leurs doutes et leurs larmes.

Son visage brille comme un phare, une lumière qui ne s'éteint jamais, une source constante de réconfort, dans toutes les nuances troublées.

Sa présence est un cadeau, un trésor à voir, une étoile brillante qui guide et ne vieillit jamais.

Dans sa chaleur et sa sagesse, nous trouvons notre nid paisible,

Un paradis à l'abri des tempêtes de la vie, où la paix et le calme trouvent le repos.

24. Oasis de confort

Il est une zone de confort, un paradis loin des luttes de la vie,

Un refuge contre le bruit du monde, une vie paisible et tranquille.

Il est à l'ombre des rayons chauds du soleil,

Une présence rafraîchissante qui apporte un sentiment de calme et de journées paisibles.

Il est une goutte de pluie dans le désert, une trouvaille rare et précieuse, une source de vie et de nourriture, dans une terre si sèche et aveugle.

Il peut façonner même le sable sec avec sa puissance innovante,

Créer quelque chose de nouveau et de beau, une véritable œuvre d'art en vue.

Ses efforts en matière d'éducation sont une véritable force d'inspiration,

Un catalyseur de changement qui apporte une trajectoire plus lumineuse et plus optimiste.

C'est une sensation qui fait des étincelles et s'enflamme, une passion pour l'apprentissage qui brûle de toutes ses forces.

C'est un visionnaire, avec un cœur pur et lumineux, un leader dans son domaine, qui brille de toute sa lumière. Son impact est profond, son influence est loin, un véritable pionnier, qui laisse une foulée noble et durable.

25. Phare dans la nuit

C'est une oasis dans le désert, un paradis contre la chaleur, un lieu de refuge, où les âmes peuvent trouver une retraite.

C'est une brise douce, qui apaise l'esprit troublé, une présence apaisante, qui est toujours dans son genre.

Son esprit novateur est un phare dans la nuit, guidant les étudiants, à travers l'obscurité, vers une nouvelle lumière.

Il façonne et moule, d'une main créative,

Inspirer les esprits, pour atteindre leur plein potentiel, dans cette terre.

À chaque pas, il ouvre la voie, Pour un avenir meilleur, où les rêves peuvent rester. Sa passion pour l'éducation est un feu brûlant, qui allume l'étincelle et ne se lasse jamais.

C'est une étoile brillante, qui éclaire le chemin, une force qui nous guide, qui nous aide à trouver nos mathématiques. Son impact est profond, son influence est loin et large, un véritable leader, qui laisse une foulée noble et durable.

26. Sérénade de gouttes de pluie

Pour lui, des gouttes de pluie claquent, une sérénade apaisante, une mélodie apaisante, que son cœur a faite.

C'est un temps paisible, qui apporte un sentiment de repos, une présence tranquille, qui est toujours à son meilleur.

Ses œuvres sont concentrées, son esprit ne s'égare jamais, Un emploi du temps très efficace, qui le guide chaque jour.

Il maintient un emploi du temps, qui est fluide et soigné, un flux ininterrompu, un rythme imbattable.

Il est super rapide, jamais lent, un tourbillon de productivité, une dynamo d'énergie, toujours en mouvement.

Son efficacité est inspirante, une véritable merveille à voir,

Un maître de la gestion du temps, qui est toujours en pleine effervescence.

À chaque tâche, il s'attaque avec aisance et finesse,

Un véritable champion de la productivité, qui impressionne toujours.

Sa vitesse et son agilité sont une merveille à voir, un exemple brillant de la façon de faire avancer les choses, pour ne jamais vieillir.

27. Maître du temps

Au gré du tic-tac de la montre, il travaille à chaque seconde, un maître du temps, qui planifie chaque instant de la journée.

Il se déplace plus vite que la montre, avec un rythme si divin, Perdre du temps est un crime, qu'il ne peut pas redéfinir.

Il enseigne à ses élèves à respecter chaque heure qui passe, à rimer avec chaque seconde et à tirer le meilleur parti de chaque puissance.

Il a élaboré de multiples théories, sur la gestion du temps si grand,

Et divise sa journée en tâches, avec une précision ainsi planifiée.

Le temps défie tout le monde, mais il défie le temps lui-même, avec des stratégies qui dépassent la richesse implacable de l'horloge.

Peu importe à quel point le temps peut être rude, ses plans prévalent toujours,

Et sa productivité s'envole, à une vitesse qui ne faillit jamais.

Sa montre tourne plus vite, à mesure qu'il accomplit plus, un véritable champion du temps, qui laisse tout le reste en réserve.

Il est le maître de son emploi du temps, avec une volonté forte et libre,

Et son efficacité est légendaire, une merveille à voir.

28. Symphonie de précision

Il élabore ses plans avec précision et soin, chaque instant étant pris en compte, sans laisser de place à perdre.

Son emploi du temps est une œuvre d'art, une symphonie du temps, où chaque seconde est promise, et où aucune n'est laissée pour compte.

C'est un maître de son domaine, jamais piégé par la puissance du temps,

Avec chaque moment planifié à l'avance et un chemin clair en vue.

Il se déplace avec détermination et rapidité, sans perdre de temps,

Et ceux qui ne peuvent pas suivre, sont laissés dans sa hâte.

Il ne tolère pas les retards, et la perte de temps est un péché, Sa colère brûle comme un feu, quand les autres ne peuvent pas rester à l'intérieur.

Ses attentes sont élevées, et ses normes sont grandes,

Et ceux qui ne suivent pas son rythme sont laissés à eux-mêmes.

Il est une force avec laquelle il faut compter, un tourbillon de productivité,

Où le temps est son allié, et non une contrainte ou un handicap.

Il est le maître de son destin, avec un plan qui est toujours sur la bonne voie,

Et ceux qui suivent son exemple ne regarderont jamais en arrière.

29. Amoureux des livres

C'est un amoureux des livres, avec un cœur si brillant,
Lire chaque livre est son plus grand plaisir.

Il achète des livres, avec un zèle sans fin,

Nourrir son esprit, avec des connaissances qu'il peut ressentir.

Il rédige des conférences, sur l'art de lire avec soin, une compétence qui façonne nos esprits et nous aide à partager. Il converse avec les livres, et manie chaque concept avec aisance,

Un véritable intellectuel, avec un amour de la connaissance qui ne se fige jamais.

Son bureau est un paradis, une foire du livre déguisée,

Un trésor de sagesse, où s'élèvent des idées et des intuitions.

C'est un maître de l'écrit, avec une passion pure et vraie,

Un amoureux des livres, qui inspire les autres, à lire et à apprendre à nouveau.

À chaque page tournée et à chaque ligne lue, il trouve un nouveau sens et une nouvelle sagesse à répandre.

Son amour pour les livres est une flamme qui brûle si fort, guidant les autres, dans leur propre voyage, à travers la nuit.

30. Champion de l'objectif

Il défend la cause, de la cohérence dans le chemin de la vie, une pratique régulière, comme le lever du soleil tous les jours.

Il donne la priorité aux objectifs de la vie, avec une vision claire en vue,

Et inspire les étudiants, pour étancher leur soif de connaissance et de lumière.

Il prône le travail acharné, le credo d'un bourreau de travail, pour le bien de la patrie, avec une passion qui se poursuit.

Il honore les grands guerriers, qui se sont sacrifiés avec fierté, Pour la liberté du pays et le pas de la nation.

Il cultive les vertus, et le sens du devoir aussi, encourageant tout le monde à contribuer, avec intelligence et à nouveau. Il croit au pouvoir, des livres et de la conscience élevée,

Pour enrichir l'esprit et aider la nation à toucher le ciel.

Son message est clair, un appel à l'action et à la force, à travailler pour le pays, de tout son cœur et de toute sa lumière. Il inspire un sens du but et une volonté de changer.

Et donne aux autres les moyens de contribuer à l'étendue de la nation.

31. Le chemin du bonheur

Il partage un message, celui du vrai dessein de la vie, Trouver le bonheur, et répandre une joie qui brille. Il croit que chaque vie a un but à accomplir, une raison d'exister, qui donne un sens et des sensations fortes.

Sans but, la vie est comme un navire sans voile, dérivant sans but, sans direction à héler.

Il faut s'efforcer de trouver leur passion et leur feu, d'atteindre leur but et de réaliser le désir de leur vie.

Une vie sans but, est ordinaire et grise,

Mais avec un objectif clair, cela peut être extraordinaire chaque jour. Il inspire les autres, à chercher leur chemin, à trouver leur but et à saisir le jour.

Avec de la détermination et du cœur, on peut atteindre son objectif,

Et vivre une vie qui a un sens, avec joie et sans honte.

Il guide et motive, pour aider les autres à trouver leur voie,

À une vie pleine de sens, où le bonheur est l'après.

32. Phare éthique

Il a brisé le mythe de la ligne claire entre le bien et le mal,

Dire que les circonstances dictent, nos pensées et nos actions conçoivent.

Les décisions sont guidées par les situations et l'appel des besoins, mais au milieu de la grisaille, certains principes se dressent.

Il nous rappelle de nous accrocher, à ce qui est vraiment la clé, l'intégrité éthique, une nécessité dans le décret de la vie.

Car bien que la flexibilité puisse parfois être nécessaire, certaines valeurs ne sont pas négociables et brillent toujours.

Dans le réseau complexe de la vie, où les choix ne sont pas toujours clairs,

Il prône un équilibre, qui nous rapproche.

Vers un chemin guidé, par des principes qui sont vrais, et un sens de l'intégrité, qui brille à jamais.

Avec sagesse et perspicacité, il navigue sur le terrain de la vie,

Et nous montre que même si le contexte est important, il reste certaines choses.

Inébranlable et fort, comme un phare dans la nuit,

L'intégrité éthique, un phare qui brille de mille feux.

33. Croyez en vous

Les mots de My Favourite, une sagesse à partager, Croyez en vous, la plus grande règle à revendre. Le doute de soi est un piège qui peut nous égarer, le succès fuit le doute et ne reste jamais.

Chaque jour, un choix, pour construire la confiance intérieure, pour nourrir la foi, en le moi qui est parent.

Le savoir et l'habileté, la base à poser, la confiance en soi grandit, et la confiance trouve son chemin.

Avec la confiance en soi, un sentiment de fierté, vous commencerez à ressentir, une confiance enracinée et toujours réelle.

N'étant plus retenu par les doutes qui autrefois vous liaient, vous vous élèverez au-dessus et brillerez avec un cœur et un esprit.

Croire en soi, le mantra à répéter, une vérité essentielle, pour atteindre son rythme.

Les mots de mon mentor, un guide,

Cela me conduit vers l'avant, à travers la nuit la plus sombre de la vie.

34. Respect mérité

Les paroles de mon mentor, une sagesse à tenir,
Gagnez le respect de soi, un trésor à façonner.

Prenez en main vos finances, une véritable responsabilité, et faites des choix éclairés, pour voir vos rêves se réaliser.

Ne gaspillez pas votre jeunesse, sur des désirs éphémères, soyez énergique et alimentez vos feux innovants. Développez vos compétences et prenez les rênes de votre vie, soyez le maître de votre destin et coupez court aux conflits.

Le respect de soi se gagne en étant responsable et sage, et en prenant soin de vos besoins, avec la tête claire et posée.

Ne laissez pas les opportunités, échappez à votre portée, saisissez l'occasion et façonnez votre avenir pour qu'il dure.

Avec le respect de soi, vient la confiance et la force,

Un sens du but, qui brille comme un phare en vol.

Les mots de mon mentor, un guide,

Cela me conduit à un spectacle plus lumineux.

35. À l'abri de la tempête

Il est un parapluie sous la pluie, un abri contre la tempête de la vie, un refuge contre le monde, où l'on peut avoir chaud. Il est le parfum de la rime poétique, une brise douce et douce,

Cela remplit le cœur de joie et rassure l'âme.

C'est le sujet de ma poésie, un sujet si fin,

Une personne d'une grande gentillesse, avec un cœur divin.

Doux et doux, comme un jour d'été,

Il apporte chaleur et réconfort, de toutes les manières.

Dans la chaleur torride du soleil d'été de mai et juin, il est une brise fraîche qui apaise et qui ne fait que commencer. Un répit de la chaleur, un spectacle calme et paisible, Il est un trésor à voir, un délice précieux.

36. Sérénité rafraîchissante

Lorsque les étudiants brûlent sous l'effet de la pression des examens, ses cours deviennent comme de la glace, un régal apaisant.

Sa voix, un calme doux, qui rafraîchit l'esprit, Comme la douce sérénité de la vanille, qui est laissée derrière.

Au milieu du feu du stress et de l'anxiété, Il est une présence apaisante, qui apporte le désir.

Apprendre et grandir, se concentrer et être,

Ses cours sont un refuge, où les étudiants peuvent être libres.

Ses mots, un baume pour les nerfs et les esprits épuisés, Un doux ruisseau qui les apaise et les laisse alignés. D'une voix fraîche et calme, comme le délice sucré de la vanille,

Il les guide à travers les défis de la nuit.

37. L'art de la joie

Ses conférences sont un trésor, un cadeau à voir, une classe de maître dans la vie, où la sagesse se déploie.

Il enseigne l'art de la joie, un parfum si doux, une façon d'être imbattable.

Dans un monde complexe, où la manipulation est la clé, Il nous montre comment naviguer, avec intégrité.

Il nous apprend à gérer la vie avec soin, à chérir chaque instant et à montrer que nous nous soucions vraiment d'eux.

À chaque mot, il nous guide sur notre chemin, pour vivre une vie authentique, quoi qu'il arrive.

Ses conférences sont un paradis, un lieu pour trouver la paix, un refuge contre le bruit du monde, où l'amour et la joie se libèrent.

38. Calme au milieu du chaos

Quand je m'assieds en silence et que je compose mes pensées à son sujet,

Le chaos du monde s'estompe et le calme prend son envol.

Je perds la notion du temps, alors que les mots coulent de mon cœur, Et la page se remplit d'émotions, une œuvre d'art.

Mes inquiétudes et mes peurs commencent lentement à s'estomper, alors que je réfléchis à lui, mon âme est doucement influencée.

Son aura est comme des roses, un parfum si doux, Qui remplit mes sens, et mon cœur saute un battement.

Sa présence atteint profondément, jusqu'aux profondeurs de mon esprit, Un baume apaisant qui guérit et me laisse aligné.

Dans sa douce lumière, je trouve réconfort et paix,

Un sentiment de calme que le monde ne peut pas libérer.

39. Le voyage du poète

Le voyage pour devenir poète, un chemin que j'ai choisi d'emprunter,

Je compose des vers tous les jours, le fait créatif de mon cœur. Ces lignes poétiques vivront, un héritage à partager, un beau souvenir, que le temps n'altérera pas.

À chaque mot, une partie de moi est mise à nu, mes pensées, mes sentiments, mon âme, tout là.

Ces vers sont un reflet de ma vision intérieure, un aperçu de mon monde, où les émotions s'envolent.

Au fur et à mesure que je poursuis ce voyage, mon art évoluera, mes mots deviendront plus forts, ma voix se résoudra. Ces vers poétiques, un testament à mon âme, un beau souvenir, qui se dévoilera à jamais.

40. Le refrain de l'âme

La poésie est un battement de cœur, le refrain d'une âme, sans limites, sans limites, elle coule comme la pluie d'été.

Il n'a pas de début, pas de fin, juste une douce brise, un débordement spontané d'émotions qui nous mettent à genoux.

C'est Wordsworth qui l'a dit le mieux, et je suis d'accord,

La poésie est le reflet de la mer profonde du cœur. Je ne sais pas où ma plume va aller,

Mais avec la bonne inspiration, mes mots trouvent leur place.

Pour explorer le monde de mon préféré, ma plume brille de mille feux, Inspirée par la grandeur, ma poésie prend son envol.

Les grandes choses doivent être écrites, afin qu'elles en fassent partie,

Des pages de l'histoire, où les cœurs et les âmes peuvent commencer. Ma poésie dévoilera des mystères non dits,

Et mettre en lumière les secrets qui se cachent dans le pli.

C'est un voyage de découverte, un chemin que j'ai choisi d'emprunter,

Où les mots deviennent le pont entre le cœur et la tête.

41. Versets au clair de lune

Sous la douce lueur de la lune, je m'assois seul et je regarde, le cœur débordant de joie, dans un hébétement heureux.

Je tourne les pages de mon journal, où se déploient mes pensées, me sentant comme une princesse, avec des histoires encore non racontées.

Le journal est rempli de vers, un livre prend forme, mon cœur bat fort d'excitation, le voyage d'un poète crée.

Les paroles que j'ai écrites à son sujet apportent une satisfaction vraie,

Un sentiment au-delà de l'affection, un amour qui transparaît. Bientôt, je tiendrai le livre dans mes mains, un trésor à voir,

Un témoignage de son impact, une histoire à raconter.

J'entrerai dans sa classe avec soin, le cœur plein de joie, reconnaissant de sa présence, qui a fait ressortir mon oreille de poète.

Ses paroles ont créé une résonance, une vibration qui reste, un catalyseur de ma créativité, qui guide mon chemin. Si sa présence peut faire de moi un poète, alors les rêves se réaliseront,

L'UPSC sera aussi la mienne, avec ses conseils, je vais percer.

42. Rêves en main

Je marche sur les nuages aujourd'hui, avec une joie difficile à contenir,

Le livre est dans ma main, un rêve qui est enfin réalisé.

Il ne manquera pas de briller à Oxford, avec un prix à réclamer,

Et je dois partager la nouvelle avec lui, la plus grande flamme de mon cœur.

L'horloge sonne 10 heures, la nuit est tardive, mais son bureau brille toujours,

Il travaille pour ses élèves, avec une passion qu'il ne sait pas.

Je ressens une envie soudaine de partager mes nouvelles, de lui faire savoir, L'excitation monte, alors que je me dirige vers sa porte, lentement.

L'agent de sécurité intercepte, avec un regard curieux, Mais j'insiste sur le fait que c'est urgent, avec un message à partager.

« Dites-lui que la poétesse que l'Amour veut rencontrer, c'est vraiment vital et vrai »,

L'assistant hoche la tête et m'invite à entrer, avec un sourire ou deux.

Mon cœur bat vite, avec une grande anticipation, je suis sur le point de rencontrer mon préféré, avec une histoire dans le ciel.

L'attente est presque terminée, le moment est enfin proche,

Je vais faire face à mon sujet, à mon inspiration, et je le chérirai.

43. Don des mots

Lorsque j'ai franchi la porte du bureau, un sourire chaleureux m'attendait, j'ai été décontenancé, mes mots figés dans l'extase.

La présence de mon idole, un sentiment difficile à définir, j'étais émerveillé, mon cœur battant des battements, mon âme alignée.

Sans un mot, je lui ai tendu le livre emballé dans un emballage cadeau,

Ses yeux se sont écarquillés et il a dit : « Merveilleux, sans voix, pris ».

Il s'émerveillait des mots, de l'amour et de l'attention que j'avais déversés,

« Oh mon dieu, comment peut-on écrire un si beau livre sur moi ? » a-t-il rugi.

J'ai souri et j'ai dit : « L'amour peut écrire, monsieur, je viens d'essayer », Il a ri et a répondu : « Comme vous écrivez doucement, mais mon image est celle de la fierté ».

Il a dit : « Tout le monde dit que j'avais l'habitude de gronder, ma colère est bien connue ».

Je lui ai dit : « Votre colère est douce, monsieur », et il a souri : « Complètement poétique, vous l'avez montré ».

Il a fait l'éloge de mon livre et a dit que l'amour mérite beaucoup d'amour et de soins.

J'ai dit : « C'est pourquoi je m'appelle Amour, et la poésie est mon flair ».

Il a noté ma passion, mon amour pour la liberté poétique vrai, j'ai dit : « Oui, je veux être poète, et je l'ai devenu, grâce à vous ».

Il m'a remercié, et je lui ai demandé de me guider et de puis,

Pour m'aider à réaliser mon rêve, conquérir la lumière de l'UPSC.

Il m'a accueillie, sa reine poétique, d'un ton chaleureux et doux,

Et m'a promis de m'aider, de donner vie à mes rêves, d'être connue.

44. Poétesse couronnée

Je marche sur des nuages aujourd'hui, ma joie sans limites, un bonheur qui est fort, un cœur qui est aligné.

Je suis un poète, unique et vrai, qui se démarque de la foule,

Mes mots sont mon identité, mon âme est fière.

Je suis ma préférée, une connexion si rare, un lien qui se forme, un amour qui se partage.

Il a un glamour, une aura qui est brillante,

Une présence qui captive, une lumière qui brille si fort.

J'ai cherché le sujet de ma plume, un sujet à adorer, et je l'ai trouvé en lui, le plus grand score de mon cœur.

J'ai comblé un vide poétique, un espace qui est maintenant complet, Avec des mots qui coulent de mon cœur, un amour qui est doux.

45. Sauvage et libre

La vie est un labyrinthe, un casse-tête à dénouer, une partie d'échecs, où les mouvements sont définis. Le stress et les soucis, ils nous pèsent, Un fardeau partagé, par tous dans cette ville.

Mais moi, un poète, avec des mots qui coulent librement, je vis la vie comme je l'entends, sauvage et insouciant.

Mon préféré lit mes vers, et sourit de joie, Un amour pour mon art, c'est évident.

Il aura un coin doux, une place dans son cœur, où mes paroles résideront et ne partiront jamais.

Il me donnera la liberté poétique, d'exprimer et d'être, un cadeau de sa part, qui m'est précieux.

Mon préféré appréciera, mon art et mon âme, et n'ignorera jamais, la créativité que je détiens.

Avec son soutien, je m'envolerai, ma créativité s'épanouira,

Et mes paroles seront le reflet de notre lien vivant.

46. Maître de la perspicacité

Si Wordsworth et Shakespeare ont rendu visite à sa classe un jour,

Ils apprendraient de lui, l'art de vivre d'une nouvelle manière.

Les secrets de la vie, il les partagerait avec facilité, un maître de sagesse, avec des idées pour plaire.

Platon et Aristote, s'ils sont vivants aujourd'hui,

S'engagerait dans des discussions intellectuelles, de la manière la plus profonde.

Leurs esprits seraient aiguisés, par ses paroles si brillantes,

Une rencontre de grands penseurs, par une nuit des plus nobles.

De sa position magistrale, les dramaturges venaient, avec des scénarios à la main, à la recherche de sujets pour le théâtre.

Les critiques littéraires, avec des critiques à partager, lui demanderaient son avis et montreraient qu'ils se soucient d'elle.

Ses connaissances sont vastes, ses lectures si vastes, il est à jour, avec la dernière mode à l'intérieur.

Il brille dans des robes impressionnantes, un délice élégant,

Un véritable homme de la Renaissance, dans tous les sens du terme, si brillant.

47. Touche humaine

À l'ère de l'IA, où règnent les machines, il se tient à part, un phare, une douce pluie.

Un moment de besoin, un moment de conflit,

Il enseigne l'équilibre, entre le cœur et la vie de l'esprit.

Son aura est pure, ses vibrations si vraies, une touche humaine, difficile à reproduire à nouveau. Aucune IA ne peut égaler, le soutien émotionnel qu'elle apporte, une oreille attentive, un guide réconfortant, qui s'épanouit vraiment.

Dans un monde de codes et de circuits si fins, il apporte chaleur et empathie, un amour divin.

Sa présence est un baume, qui apaise l'âme,

Un rappel que les humains sont plus qu'un simple code et un rôle.

48. Esprit supérieur

Il se tient au-dessus de l'IA, un esprit supérieur, un maître de la nuance, où les émotions sont définies.

Au lieu de se contenter de faits, il ajoute une touche plus profonde, l'interprétation et la perspicacité, qui permet à la vérité de s'infiltrer.

Ses connaissances sont fraîches, son approche si nouvelle, un artiste naturel, qui apporte des solutions à nouveau.

Ses paroles sont un baume qui guérit l'âme stressée, un guide doux, qui rend le cœur et l'esprit entiers.

Avec un goût émotionnel, il présente les faits si finement, un maître magistral, qui rend l'apprentissage divin.

Aucune machine ne peut égaler, sa touche humaine si vraie,

Un guide vivant, qui respire et qui voit transparaître le cœur.

49. Flux de liberté

Ma plume coule librement, quand j'écris de lui, une connexion d'énergie, une symphonie intérieure. Des vibrations qui s'alignent, une conscience qui est claire, une liberté poétique, qui chasse la peur.

Il choisit son espace, avec une volonté qui lui est propre, une force créatrice, qui n'est pas renversée.

Peu de choses sont au-delà de la portée de l'esprit, mais quand on écrit sur lui, les mots coulent comme une trouvaille.

Dans cet espace, je suis libre, d'exprimer et d'être, une connexion au cœur, sauvage et insouciante.

Les paroles se déversent, comme le doux ruisseau d'une rivière,

Un reflet de la satisfaction, c'est au-delà de tout thème.

50. Incarnation de l'équilibre

Je me souviens de la lutte, de la recherche du bon thème, une bougie à la main, j'ai cherché la lueur de l'inspiration.

Mon préféré est comme une goutte de pluie sur le sable de mon désert,

Un reflet de la lune, une commande douce. Mon préféré est mon outil poétique, mon délice du cœur,

Je le manie avec liberté, et les mots s'envolent. Pourtant, j'ai l'impression qu'aucun mot ne peut capturer pleinement son essence véritable, Il est l'incarnation de l'équilibre, du cœur et de l'esprit à nouveau.

Il est la force magnétique qui unit mon univers poétique, une lumière qui guide et qui disperse mes mots. En sa présence, ma créativité trouve son chemin, Et ma poésie s'épanouit, quoi qu'il arrive.

À chaque ligne que j'écris, je sens sa douce main, me guidant à travers les mots vers une terre promise.

Sa sagesse et sa bonté, phare dans la nuit, illuminent mon chemin et font voler mon cœur. Dans ses mots, je trouve du réconfort, un sentiment de paix et de calme, un refuge contre les tempêtes de la vie, où mon âme peut se baumer.

C'est le maître des mots, un tisserand de contes si fins, un mentor, un guide, qui m'aide à trouver ma ligne poétique.

À travers ses yeux, je vois le monde, sous un jour différent,

Un monde d'émerveillement, où la poésie prend son envol.

Avec lui, mes paroles prennent vie, et mon cœur chante librement,

Une symphonie d'émotions, qui fait écho à la folie et à l'insouciance.

Épilogue

Alors que les derniers vers de Poet's Favourite s'estompent dans le silence de la page, le voyage de l'Amour, la poétesse,

résonne comme un témoignage du pouvoir transformateur de l'inspiration. À travers sa rencontre avec M. Ojaank

Shukla, un phare de sagesse et de compassion, l'amour a découvert non seulement sa voix poétique mais aussi le courage de poursuivre ses rêves avec inébranlable.

détermination. Ce recueil de cinquante poèmes, chacun

fil vibrant dans la tapisserie de son âme, capture le

l'essence d'un mentor dont la présence a allumé une étincelle créative qui brûlera éternellement.

L'histoire ne s'arrête pas là, car la poésie, comme le déclare l'Amour, est un fleuve sans fin, qui coule dans le cœur et se déverse sur la page. Le

ses conseils, son aura de sérénité et son dévouement à la connaissance ont laissé une marque indélébile, non seulement sur

L'amour mais sur tous ceux qui rencontrent sa lumière. En fermant ce livre, les lecteurs sont invités à poursuivre les leçons tissées dans ces versets : chercher les leurs

muse, d'embrasser la liberté d'expression de soi et de trouver un but dans la poursuite de la sagesse.

Puissent ces poèmes servir de rappel qu'au cœur de chaque cœur se trouve un poète, attendant la bonne inspiration pour libérer ses mots. Et que l'héritage de M.

Ojaank Shukla, tel qu'il est immortalisé par la plume de l'amour, continue d'inspirer des générations à rêver, à créer et à vivre avec passion et détermination.

À propos de l'auteur

Priya Singh

Mlle Priya Singh, une poétesse, parolière, scénariste et romancière de 23 ans aux multiples facettes et acclamée qui a fait des vagues dans le monde littéraire grâce à son talent et à son dévouement exceptionnels. Née à Meerut, en Inde, dans une famille de professeurs, Priya a nourri son amour pour la littérature et l'apprentissage dès son plus jeune âge. Médaillée en littérature anglaise de maîtrise, l'impressionnante formation de Priya témoigne de sa passion pour le monde littéraire.

Le parcours littéraire de Priya a été marqué par de nombreuses étapes, notamment le succès international de sa chanson « The Snowfall of December », qui a été produite au Royaume-Uni et est devenue une sensation nationale en Inde. Ses livres, tels que « J'ai trouvé mon amour », « Entre toi et moi », et « Mon professeur, ma bouée de sauvetage », « En attendant la belle au bois dormant » ont été des best-sellers et ont été acclamés par la critique dans le monde entier. À ce jour, Priya a écrit 14 fictions poétiques poignantes qui ont captivé les lecteurs par leur mélange unique de romance, d'introspection et de profondeur émotionnelle. Récipiendaire de nombreux prix prestigieux, Priya a été reconnue pour ses contributions exceptionnelles à la littérature. Parmi ses récompenses notables, citons l'International Poetry Digest Award (États-Unis), l'Elite Writers Status Award et l'Eminence Excellence Award (Dubaï). Son livre « My Teacher, My Lifeline » a remporté le très convoité prix du meilleur livre de fiction de l'année, ce qui témoigne de ses compétences exceptionnelles en matière de narration. Elle a également reçu le titre de plus jeune poète de l'année (Bangkok) et a reçu le prix d'excellence en éducation verte. Le travail de Priya a été apprécié par des dignitaires et des sommités littéraires, notamment le Premier ministre Narendra Modi, Son Excellence Anandi Ben Patel et d'autres personnalités estimées.

Ses écrits ont été présentés dans divers magazines internationaux, et elle a représenté l'Inde dans le monde entier avec sa poésie, inspirant le public avec son message de paix, d'amour et de motivation.

En tant qu'invitée recherchée et conférencière principale, Priya a été invitée à diverses universités et événements de poésie éminents, où elle a partagé ses idées et son expertise avec des étudiants, des universitaires et des passionnés de poésie. Sa présence a été une source d'inspiration et ses paroles ont laissé un impact durable sur tous ceux qui ont eu le privilège de l'écouter. Avec son œuvre impressionnante, Priya s'est imposée comme une voix littéraire de premier plan, et ses écrits continuent de captiver le public du monde entier.

www.ingramcontent.com/pod-product-compliance
Lightning Source LLC
LaVergne TN
LVHW041546070526
838199LV00046B/1843